Mark Sarg

„Retuschieren Sie sich!“

Mark Sarg

„Retuschieren Sie sich!"

Bizarre Kurzgeschichten

Goldene Rakete Verlag für Belletristik

Imprint

Cover image: www.ingimage.com

Publisher:
Goldene Rakete Verlag für Belletristik
is a trademark of
Dodo Books Indian Ocean Ltd., member of the OmniScriptum S.R.L Publishing group
str. A.Russo 15, of. 61, Chisinau-2068, Republic of Moldova Europe
Printed at: see last page
ISBN: 978-620-0-52012-8

INHALTSVERZEICHNIS

„VERZETTELN SIE SICH NICHT!“ 3

„VERZETTELN SIE SICH!“ 4

„GLORIFIZIEREN SIE SICH!“ 5

„GLORIFIZIEREN SIE SICH NICHT!“ 6

„GLORIFIZIEREN SIE MICH!“ 7

„GLORIFIZIEREN SIE MICH NICHT!“ 8

„DOTIEREN SIE SICH!“ 9

„DOTIEREN SIE MICH!“ 10

„BEGÜNSTIGEN SIE MICH!“ (2) 11

„BEGÜNSTIGEN SIE SICH!“ (2) 12

„VERGÖTTERN SIE SICH!“ 13

„VERGÖTTERN SIE SICH NICHT!“ 14

„VERGÖTTERN SIE MICH!“ 15

„VERGÖTTERN SIE MICH NICHT!“ 16

„POLIEREN SIE MICH!“ 17

„POLIEREN SIE SICH!“ 18

DAS MAJESTÄTISCHE ROTZMENSCH 19

DAS ANSTÖSSIGE GRINSEN 20

„RETUSCHIEREN SIE SICH!“ 21

„ENTWURMEN SIE SICH!“ 22

„ENTWURZELN SIE SICH!“ 23

„JODELN SIE!“ 24
„JODELN SIE NICHT!“ 25
DER JODELNDE SARG 26
„MODERNISIEREN SIE SICH!“ 27
„MODERNISIEREN SIE SICH NICHT!“ 28
„MODERNISIEREN SIE MICH!“ 29
„MODERNISIEREN SIE MICH NICHT!“ 30
„FRATERNISIEREN SIE SICH!“ 31
„FRATERNISIEREN SIE SICH NICHT!“ 32
„ZERFLEDDERN SIE SICH!“ 33
„ZERFLEDDERN SIE SICH NICHT!“ 34
„ZERFLEDDERN SIE MICH!“ 35
„ZERFLEDDERN SIE MICH NICHT!“ 36
„ERGÖTZEN SIE SICH!“ 37
„ERGÖTZEN SIE SICH NICHT!“ 38
„ERGÖTZEN SIE MICH!“ 39
„ERGÖTZEN SIE MICH NICHT!“ 40
„INSPIZIEREN SIE MICH!“ 41
„INSPIZIEREN SIE MICH NICHT!“ 42
„INSPIZIEREN SIE SICH!“ 43
„INSPIZIEREN SIE SICH NICHT!“ 44

„VERZETTELN SIE SICH NICHT!“

„Verzetteln Sie sich nicht!“, mahnte Direktor Fredino Greenpinscher Sekretärin Anastasia Schmucklaus, die sich immer wieder mal zwischendurch schminkte und die Nase puderte.

Woraufhin sie gehorsam den Schreibkram ***ganz*** beiseitelegte und sich ***ausschließlich*** der Schönheitspflege widmete – die für sie oberste Priorität hatte.

Es ist eben wirklich ***alles*** eine Frage der Perspektive!

„VERZETTELN SIE SICH!“

„Verzetteln Sie sich ruhig weiter in Ihrem ‚heiligen‘ Amte. Dass Sie damit ***Erfüllung*** finden, glauben Sie ja mittlerweile selbst nicht mehr!“

Zutiefst erschrocken über die eindringliche nächtliche Stimme, zog Papst Misthirn der Gloriose den leider allzu übereilten Schluss, sie könne wohl nur von ***Satan*** stammen – und verzettelte sich daher noch ***mehr*** …

„GLORIFIZIEREN SIE SICH!“

„Glorifizieren Sie sich ruhig weiter so. Wenn Sie es aber ***zu*** bunt treiben, werde ich Ihr Geheimnis irgendwann ***doch*** noch preisgeben!“, warnte Madame Arlette Zwitterbaum Gemahl Rameau – der sich überall ganz ungeniert als „kapitales und veritables ***Tier***“ rühmen und feiern ließ.

Wohingegen sie natürlich wusste, was für ein erbärmlicher ***Mensch*** er lediglich war!

„GLORIFIZIEREN SIE SICH NICHT!“

„Glorifizieren Sie sich nicht ***über*** alle Maßen – sonst werden Sie durch sich ***selber*** eines Tages wieder vom Sockel gestoßen!“

Schrieb der bis heute völlig unterbewertete Philosoph Bernardino Regenfrosch all jenen ins Stammbuch, die dies vermutlich ***niemals*** lesen werden – es aber gerade ***bitter*** nötig hätten.

„GLORIFIZIEREN SIE MICH!“

„***Glorifizieren*** Sie mich einfach – dann wird unsere Gemeinschaft auch allerbesten Bestand haben!“

Wiewohl Jahrhunderte zurückliegend, hat der Aufruf von Papst Plappergaul dem Einzigartigen bis ***heute*** die Katholikenschaft mit der Institution des Heiligen Vaters nachhaltig zusammengeschweißt.

Keine Empfehlung scheint eben ***zu*** dämlich, um nicht doch von Millionen befolgt zu werden.

Vor allem natürlich, wenn man sie in ***religiöse*** Gewänder kleidet!

„GLORIFIZIEREN SIE MICH NICHT!“

„Glorifizieren Sie mich nicht ständig. Das hindert mich sonst ***ewig***, unsere Ehe endlich abzubrechen!“, appellierte ernsthaft Baronin Gamsberta Zischlaut an Gatten Bellinio.

„Aber etwas Derartiges würde eine Heilige wie Sie doch ***niemals*** tun! Die ganze ***Welt*** würde sich nach Ihrem Vorbild richten – und in den ***Abgrund*** stürzen!“

Damit war er nun freilich entschieden ein wenig zu weit gegangen.

Sie stufte seine Lobpreisungen auf ***gemeingefährlich*** herunter – und beantragte umgehend und reinen Gewissens die ***Auflösung*** ihrer Verbindung.

„DOTIEREN SIE SICH!“

„Dotieren Sie sich nur ordentlich, damit Ihr Überleben ***gesichert*** ist!“

Der offenbar einseitig ***materiell*** geschulte „Therapeut“ Viorico Grünlump vermochte die von ständigen Suizidgedanken geplagte Miss Natasha Herzpump ***wahrlich*** nicht zu überzeugen.

Sie ***erhängte*** sich noch am selben Tage.

„DOTIEREN SIE MICH!“

„Dotieren Sie mich, Fräulein, und ich bin der ***Ihre***!“, erbot sich dreist Signor Adelfi Zischkraut Signorina Agata Wischbraut.

Worauf sie ihm wortlos eine knallte.

Aber da war er erst ***recht*** der ihre – und sie heirateten schon in Bälde.

„BEGÜNSTIGEN SIE MICH!“ (2)

„***Begünstigen*** Sie mich doch, ***bitte***, Maître!“, flehte immer wieder in innigsten nächtlichen Meditationen Monsieur Delamare Schwindpudel, der panische ***Angst*** vor dem Sterben hatte, zum Tod.

Der erbarmte sich schließlich seiner – und holte ihn einige Jährchen ***früher*** heim.

„BEGÜNSTIGEN SIE SICH!“ (2)

„***Begünstigen*** Sie sich, mein Wertester!“, ermunterte mit gnädiger Miene Gräfin Mathilde Weinkrampf Baron Tartinio Nebelgosch, der zum Tee geladen war.

Und daraufhin ohne zu zögern den kompletten Kuchen verschlang.

Von ihr aber freilich nie mehr ***wieder*** empfangen wurde.

„VERGÖTTERN SIE SICH!“

„Vergöttern Sie sich selber – ***dann*** erst sind wir ebenbürtig und können vielleicht heiraten!“, forderte die Diva Calisandra Nelkenkopf ihren Bewerber Lord Nelson Zischhaut auf.

Der tat wie ihm geheißen – und war damit so erfolgreich, dass er sie am Ende gar nicht mehr ***brauchte***.

„VERGÖTTERN SIE SICH NICHT!“

„Vergöttern Sie sich nicht ***zu*** sehr, Sie könnten es eines Tages doch noch bereuen!“

„Als ob ein ***Gott*** sich ***vergöttern*** könnte!“, wandte der selbstherrliche Papst Schlangenfraß der Letzte indes nur ein – und ***exkommunizierte*** den aufmüpfigen Kardinal Frenegildo Pulverfass, nachdem er ihn in göttlicher Barmherzigkeit noch rasch gesegnet hatte.

„VERGÖTTERN SIE MICH!“

„Vergöttern Sie mich!“, diktierte Mrs. Sheila Zwiebelbirn jeden Abend Gemahl Silkford.

„Ich ***denke*** gar nicht daran, rutschen Sie mir den ***Buckel*** herunter!“

Daraufhin vergötterte sie dann jedes Mal zur Belohnung ***ihn***.

„VERGÖTTERN SIE MICH NICHT!“

„Vergöttern Sie mich nicht, denn ***noch lebe*** ich. Sie müssen also gefälligst geduldig ***weiter*** auf Ihr Erbe warten!“

Worauf sich Baron Giorgiolino Reiskropf einmal ***mehr*** in den Schmollwinkel zurückzog.

„POLIEREN SIE MICH!“

„Polieren Sie mich!“, bat Monsieur Parfait Herbsttopf aufgeregt Madame Annabelle vor dem großen Ballereignis.

Sie versuchte ihr Bestes – kapitulierte aber letztlich.

„Ich bin schließlich keine ***Künstlerin***!“, entschuldigte sie sich bei ihm – und ließ ihn daheim.

„POLIEREN SIE SICH!“

„Polieren Sie sich augenblicklich Ihre Fresse, ehe ***ich*** es tue!“, trug Mrs. Daisy Weinkropf energisch Gemahl Ellwood auf, nachdem er ihr im Streite die blanke Kehrseite zugewandt hatte.

Ebenso einsichtig wie folgsam gab er sich einen leichten Klaps auf die Wange.

Da fügte sie als Draufgabe noch einen weitaus ***kräftigeren*** hinzu.

DAS MAJESTÄTISCHE ROTZMENSCH

Ein Rotzmensch[1] trat so ***majestätisch*** in Erscheinung, dass niemand je auf die Idee verfallen wäre, es könne sich wahrhaftig um ein solches handeln.

Erst als es dies auf dem Sterbebett schuldbewusst und reumütig offenbarte, war die Empörung ungeheuer und grenzenlos. Man versagte ihm ein royales Begräbnis und tilgte seinen Namen aus allen Urkunden.

Weshalb bis heute nur ***gemutmaßt*** werden kann, um wen es sich da wohl handelte. Leider ist die Auswahl ja nicht gerade ***spärlich*** …

[1] Ungezogenes Mädchen, Göre

DAS ANSTÖSSIGE GRINSEN

„Gott, welch ***anstößiges*** Grinsen Sie doch haben!“, wunderte sich Madame Gorgolina Sommerfrosch immer aufs Neue während ihrer jahrzehntelangen Ehe mit Monsieur Béchamel.

Und dabei war diese doch der ***einzige Grund*** für seinen penetranten Gesichtsausdruck gewesen!

„RETUSCHIEREN SIE SICH!“

„Retuschieren Sie sich ruhig von Zeit zu Zeit. Auch ***nach*** Ihrer Geburt bieten sich Ihnen noch hinreichend Möglichkeiten und Gelegenheiten hierzu – selbst wenn Sie dies ***partout*** nicht glauben wollen!“

Da dem ehrwürdigen Psychologie-Professor Animoso Regenblut bis heute ***tatsächlich*** niemand zu glauben scheint und er obendrein völlig zu Unrecht vergessen ist – wird von seiner segensreichen Empfehlung leider auch so gut wie ***kein*** Gebrauch gemacht …

„ENTWURMEN SIE SICH!“

„Entwurmen Sie sich vor dem Eintritt!“, las Madame Delphine Grunzbein beim Besuche des renommierten Kosmetikinstituts „La Grande Duchesse“.

Entrüstet begehrte sie auf, ***wo*** sie denn ihre beiden „Würmer“, sprich Kinder in der Zwischenzeit deponieren solle.

Doch beruhigte man sie rasch und klärte sie höflich auf, dass damit ***mitnichten*** die Sprösslinge gemeint seien – sondern lediglich die ***Ehemänner***!

„ENTWURZELN SIE SICH!“

„Entwurzeln Sie sich, damit Sie rascher ***aufsteigen*** und Karriere machen!“

Die bodenständige Bärbel Krenfink entschied sich hingegen bewusst für den ***langsameren*** Weg.

Sie ***blieb*** in ihrem Heimatdorf, bis sie das Zeitliche gesegnet hatte – und stieg erst ***dann*** auf.

„JODELN SIE!“

„Jodeln Sie, Fräulein!“, regte Geheimrat Detlev Krautpinscher die junge Merinda Beißzwirn an, als sie ihm auf der Straße entgegenkam.

Und die ihm daraufhin weit die Zunge herausstreckte.

Da jodelte ***er*** vor Freude.

„JODELN SIE NICHT!“

„Jodeln Sie nicht, Monsieur!“, unterbrach Madame Coraline Rüpelgack den etwas aufdringlichen Monsieur Robin Buckelsack, der ihr auf allzu blumige, ausschweifende Weise einen Heiratsantrag unterbreitete.

Worauf er sein Ansinnen abrupt aufgab und beleidigt davonstelzte.

Was ***sie*** wiederum zu erleichtertem und beglücktem Jodeln animierte.

DER JODELNDE SARG

Ein Sarg jodelte vor Freude, weil er endlich – in Gestalt der Marchesa Clotilda Rumpfbein – eine „Braut“ gefunden hatte.

Sie hingegen erwiderte sein Frohlocken nicht nur ***keineswegs***, sondern ließ ihn stattdessen glatt in eine ***Anstalt*** einweisen.

Dort nahm man ihn natürlich bereitwilligst auf – hatte man doch genügend „Aspiranten“, die nur ***warteten*** auf eine solch charmante Begegnung!

Da verging ihm freilich bald das Jodeln …

„MODERNISIEREN SIE SICH!“

„Modernisieren Sie sich endlich – sonst sehe ich ***schwarz*** für unsere Ehe!“, bedrängte Mrs. Audrey Hinterlaus Gatte Dumbarton, dessen Ansichten teilweise „vorsteinzeitlich“ waren.

Er überwand sich also, eröffnete einen Account bei Twitter – und hatte im Nu so viele heißblütige Follower, dass sich seine Frau, rasend vor Eifersucht, erst ***recht*** scheiden ließ.

„MODERNISIEREN SIE SICH NICHT!“

„Modernisieren Sie sich nicht um ***jeden*** Preis, sonst landen Sie im Nu wieder in der ***Steinzeit***!“, warnte Prof. Rebmaus Nadelfink wohlmeinend und mit Bedacht schon vor einiger Zeit die Allgemeinheit angesichts des penetranten Gegrunzes, Gegeifers und Gegackers in den „sozialen“ Medien.

Welches seither stetig ***mehr*** zu überborden scheint …

„MODERNISIEREN SIE MICH!"

„Modernisieren Sie mich ein wenig", flehte Sir Dunstable Sommerloch zu Gemahlin Lillian, „ich möchte endlich wieder mal ***chic ausgehen***!"

Sie erbarmte sich, kaufte ihm ein neues Kleid, einen schmucken Federhut und ebensolche Schuhe.

Darin gefiel er sich jedoch so ***ausnehmend*** gut – dass er ihr glatt davonlief und nicht mehr heimkehrte.

„MODERNISIEREN SIE MICH NICHT!“

„Modernisieren Sie mich nicht ständig, ich habe bald keinen ***Platz*** mehr für all die neuen Hüte!“, beschwor händeringend Hofrätin Charmhilde Darmfranz Gatten Kleinspatz.

Sie ahnte ja nicht, dass er ***selber*** sie Nacht für Nacht mit ekstatischem Verzücken immer wieder vor dem Spiegel anprobierte!

„FRATERNISIEREN SIE SICH!“

„Fraternisieren Sie sich mit mir, damit wir gemeinsam den politischen Feind besiegen!“

Der flammende Appell des Spitzenkandidaten Großgaul Bierkotz am Schluss einer Wahlrede zeigte Wirkung, denn seine Anhängerschaft folgte ihm – wen überraschts – ***getreulich***.

Nur um am Ende – wie so oft – ernüchtert festzustellen, dass sie sich lediglich ***selbst*** „besiegt“ hatte.

„FRATERNISIEREN SIE SICH NICHT!“

„Fraternisieren Sie sich nicht mit mir, was fällt Ihnen ein! Wir sind schließlich ***Eheleute*** und diese haben traditionell ***gegen***einander zu arbeiten – sonst sähe die Welt ***anders*** aus!“

Kleinlaut ***fügte*** sich daraufhin Signor Tiberio Reißzopf – und fuhr ***weiter*** fort, beharrlich gegen Signora Menegilda zu opponieren.

„ZERFLEDDERN SIE SICH!“

„Zerfleddern Sie sich tunlichst schon ***vor*** Ihrem natürlichen Ende, damit es hinterher dann desto ***rascher*** geht!“

Wer nun meint, dass es sich bei dieser Empfehlung eines unbekannten Wohltäters bloß um ganz ***besonders*** bösartigen Sarkasmus handelt, möge bitte beachten, dass eine durchaus nicht unbeträchtliche Zahl von Erdenbürgern genau nach diesem ***Rezepte*** mit ihrem Körper verfährt.

Ohne dieses vermutlich je gelesen zu haben.

„ZERFLEDDERN SIE SICH NICHT!“

„Zerfleddern Sie sich nicht ständig!“, rügte Madame Valentine Schmuckmaus Monsieur Anselme, der sich wie wild die Haare raufte.

Dabei ließ sie freilich völlig außer Acht, dass er dies immer ***dann*** tat, wenn ihre sündteuren ***Friseurbesuche*** bei Maître Gaston Saubermichl zu bezahlen waren.

„ZERFLEDDERN SIE MICH!“

„***Zerfleddern*** Sie mich sofort nach dem Tode, damit ich ganz ***sicher*** nicht in der Prosektur lande!“, trug Marquise Lucrèce Holzklotz ihrem Gemahl Gontran unbarmherzig auf.

Denn zum nicht geringen Leidwesen des überaus Bedauernswerten hatte sie sein gesamtes ***Erbe*** an diese Bedingung geknüpft!

„ZERFLEDDERN SIE MICH NICHT!“

„Zerfleddern Sie mich bitte nicht, mein Freund!“, flehte händeringend Sir Sherwood Leichtstuhl einen Löwen an, der ihm auf einer Safari plötzlich gegenüberstand.

Ein durchaus ***würdiger*** Vertreter seiner Zunft, hatte der Gute indes nicht nur ***keine*** derartigen Absichten, sondern ***verstand*** ihn auch augenblicklich – sodass aus ihnen ***wirklich*** allerbeste Freunde wurden.

„ERGÖTZEN SIE SICH!“

„Ergötzen Sie sich, Mylord!“ Freudestrahlend hüpfte Lady Prunella Rutschmaus in ihrer neuen, sündteuren Robe vor Gatte Ormond umher.

„Wenn ich mich ***wirklich*** ergötzen soll, dann lassen Sie ***mich*** das Kleid anprobieren und ***ersparen*** mir dafür Ihr peinliches Gehopse!“

Da strich sie ihm zur Buße das Mittagessen.

„ERGÖTZEN SIE SICH NICHT!“

„Ergötzen Sie sich nicht dauernd an sich selber!“, rügte Amtsrat Blasewitz Graupopsch Gemahlin Pampula, die stundenlang vor dem Spiegel zubrachte.

Da ergötzte sie sich ausnahmsweise einmal an ***ihm*** – indem sie ihm abends seine Stiefel gebraten servierte.

„ERGÖTZEN SIE MICH!“

„Ergötzen Sie mich, Fräulein!“, raunte Herr Trampolino Wohlmück der jungen Lilia Wanderklee auf der Straße im Vorübergehen zu – worauf sie ihm ein Bein stellte, sodass er hinfiel.

Selig kichernd schickte er ihr eine Kusshand hinterher – und setzte seinen Weg mit frischem Elan fort.

„ERGÖTZEN SIE MICH NICHT!“

„Ergötzen Sie mich nicht länger, ich bin es allmählich leid!“, appellierte Monsieur Toto Wurmhecht an Gattin Pitou, die ihm mit ihren 150 Kilo jeden Abend auf dem Schoß saß – damit er wenigstens ***wisse***, wofür er sein Geld ausgebe und sich an ihr ***ergötzen*** könne.

Daraufhin beschloss sie, sich ***selber*** zu ergötzen – indem sie sich rasch eine Torte aus dem Kühlschrank holte.

„INSPIZIEREN SIE MICH!“

„Inspizieren Sie mich, Mademoiselle!“, lud fröhlich Vicomte Clovis Taubenrost Demoiselle Flatteuse Flaschenpost ein, als sie ihm auf der Straße entgegenkam.

Sorgfältig untersuchte sie ihn sogleich, ob er Geld bei sich habe, nahm dieses an sich, dankte ihm herzlich und zog weiter.

Und ***verwirkte*** damit die Chance auf noch ***mehr*** – durch unterbleibendes Eheangebot.

„INSPIZIEREN SIE MICH NICHT!“

„Inspizieren Sie mich doch nicht jedes Mal!“, brach es aus Baronesse Persephone Kinderbraut genervt hervor.

Denn Dr. med. Heraklion Hinterhaut hatte in seinem „Tunnelblick“ einfach nicht registriert, dass seine Patientin an keinem ***anderen*** Leiden laborierte, als sich unsterblich in ihn verliebt zu haben.

Weshalb sie es auch als ihre „natürliche“ Pflicht ansah, ***ihn*** regelmäßig zu inspizieren.

„INSPIZIEREN SIE SICH!“

„Inspizieren Sie sich hinreichend, bevor Sie das Haus verlassen!“

Diese sicherlich ebenso kluge wie beachtenswerte Devise bis zum ***Exzess*** ausreizend, brauchte Hofrat Justus Schleimhupf immer ***länger***, bis er endlich so weit war.

Sodass er schließlich ***überhaupt*** nicht mehr ausging.

„INSPIZIEREN SIE SICH NICHT!“

„Inspizieren Sie sich nicht ständig!“, mahnte Mrs. Felicia Hacksack, peinlich berührt, Gatte Wesley, wenn er sogar auf offener Straße immer aufs Neue höchst ***umständlich*** kontrollierte, ob wirklich ***alle*** Knöpfe und Verschlüsse fest geschlossen waren.

Und dies nur, weil sie es ***einmal*** vor Jahrzehnten gewagt hatte, ohne Erlaubnis seinen Hosenschlitz zu öffnen!

Was er freilich erst viel ***später*** bemerkt hatte …

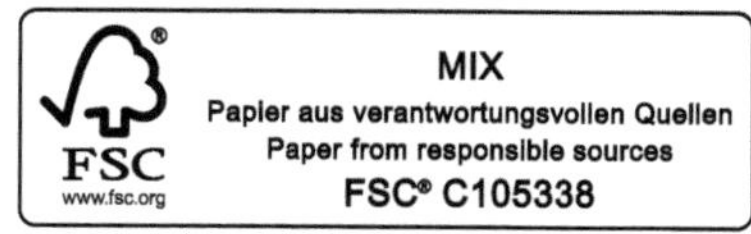

Printed by Books on Demand GmbH, Norderstedt / Germany